¿CON CUÁNTA MUERTE SE GANA EL AMOR?

María Politu

¿CON CUÁNTA MUERTE SE GANA EL AMOR?

Traducción
José Antonio Moreno Jurado

EL ÁRBOL DE LA LUZ
67
TO ΦΩΤΟΔΕΝΤΡΟ

Padilla Libros Editorial y Librería
Sevilla 2025

C O L E C C I Ó N
P O É T I C A
D E A U T O R E S G R I E G O S
C O N T E M P O R Á N E O S
E L Á R B O L D E L A L U Z
T O Φ Ω Τ Ο Δ Ε Ν Τ Ρ Ο
N.º 67

Título original: *Με πόσο θάνατο κερδίζεται η αγάπη*

ISBN: 978-84-8434-415-5   D. LEGAL: SE 404-2025

1.ª impresión, febrero de 2025

PADILLA LIBROS EDITORES Y LIBREROS
C/ Trajano n.º 18. 41002 Sevilla (España)
editorial@padillalibros.com

Impreso en Podiprint
Impreso en España – Printed in Spain

EL NACIMIENTO DEL POETA

El poeta de las nubes y las olas duerme en mí.
Odysseas Elytis

El mar está despeinado
y el cielo se ha puesto su traje
de luto. El negro.
Acuchillaron a la luna
y amordazaron su luz.
Se mece el mañana en el columpio podrido
sobre el caos del abismo.

Llegó el momento de hablar.

De llenar el vacío con palabras.
De colorear las palabras con luz.
De destrozar la piedra de lo inseguro.

Anida en mí preparada para nacer
la semilla del sol.
Quema mis entrañas. Desde niña…
No aguanto más.

Llegó el momento de hablar.

Ahora que se heló la sangre de los hombres.
Se hundió en la noche.
Llegó el momento de parir la llama.
De trillar la oscuridad.
De salvar, de salvarme
quemando la desgracia
triunfante en el cuerpo de la muerte.

Llegó el momento de hablar.

El poeta soñador.

Yo.

PALIMPSESTO NOCTURNO

A James Joyce

Son ciertas horas nocturnas y temibles
en las que me hundo en el abismo de mi
    cerebro oscuro
descubriendo el viejo palimpsesto de la vida.
Corro cabalgando sin las espuelas
con sueños y penas como alas brillantes.

Náufrago en la isla de mi sed insoportable
cuento los surcos de la arena
que forman los vientos indomables
del mar plomizo.

Pequeñas arrugas en el rostro de Dios.
Hendiduras profundas en la vida del hombre.

El agua murmura su esfuerzo eterno
acariciando su arpa de plata
lavando la vergüenza de tantos pecados.
Haciendo diáfana la negra opacidad
de nuestra alma cristalina.

Profundas aguas sin fondo
de la memoria y la fantasía onírica.
Llenas de conchas variadas y punzantes.
Fluidas.
Casi proteicas.

La noche violeta abandona su trono en poco.
El día asume esfuerzos de las aguas nocturnas
y avanza inclinado y quizás lloroso.
Las visiones que persigue con su llegada
partieron involuntariamente
su máscara poderosa.

(Incomprensibles son esas palabras, diréis...
Pero lo incomprensible se encuentra
    en vuestras almas, ¿no creéis?
Desde nuestro primer grito hasta el último).

LAS METAMORFOSIS DE LA PIEDRA

Ahora a esta playa espero que venga
un hombre, un residuo, un proyecto.

Yorgos Seferis

Pasé las puntas desnudas de los dedos por la
    piedra
vistiendo sólo el peplo diáfano del silencio
y la desesperanza.

Quería llenarme de mar y cielo
y de luna nueva.
Transmutarme en una luz azul.

Yo,
la mortal,
la hija del hombre.

Ahora soy proyección de la piedra.

Le di la forma extraña del amor,
la forma de la destrucción.

II

Y ella me hizo inmortal.
Helada.
Y sin lágrimas.

Una piedra.

OPUESTOS DE LA NEKYIA

For myself —if you ask me—
There's no way back over seawater
Nor by earth's oaks, nor beyond them.
There is only the way on.
Archibald McLeish, *Elpenor*, 1933

Cualquier palabra que trace
la memoria,
cortante hoja de tinta negra,

y corre sangre de nube negra

No resisto otra muerte.

Ayer y hoy y siempre.
Desde la playa de Homero
las rocas
se hicieron trono del poderoso Hades.
Y los poemas.

¿Qué importancia tiene el nombre?
Aquiles o Héctor,
Patroclo, Sarpedón.

Y el hedonista Elpenor incluso.
Y ¿qué si Ulises levanta túmulo
clavando el remo de tanto sufrimiento?

La tierra se asombra con boca enteramente
    abierta de su edad infantil.
De ancho pecho.
Siempre hambrienta de sus hijos e impía.
De piedra.

Y Tiresias, ciego y mudo,
se queda apartado e indiferente.

Entonces ¿de qué paraíso hablamos?
¿De qué regreso?
No resisto otra muerte.
Ni tú tampoco, creo.

Me esfuerzo
en atrapar
la guadaña del penoso barquero
y cosechar
espigas de sueño y frutos.

Saciar a la madre asesina de hombres
con risas cristalinas, con músicas aéreas.

Ayúdame.
Aunque sólo sea por un momento.

No resisto otra muerte.
Ni siquiera perdono.

DUM SPIRO SPERO

Y perfecta piedra dura puede ser un día tu
*   soledad.*
Y otras veces una simple pluma [...]
¿Quizás la desesperanza no es en el fondo una
*   «sin esperanza»?*
¿Cuándo la soledad es el «único valor»
que tiene la capacidad de descubrirla?

Odysseas Elytis, *El jardín de los autoengaños.*

Que tengas tantos cuerpos a tu alrededor
y que la soledad se te clave
en medio del pecho.
Que devore tus entrañas un animal salvaje,
    hambriento.
Y el amor es desvergonzado aliado del vacío.
De la nada interminable.

Pero ¿a dónde fueron todos?
Los jardines de mi sueño están vacíos y
    asolados.
El follaje denso y, sin embargo, ajado.
Fragmentos de una gloria lejana y efímera.
Restos de una festiva luminosidad.

No tengo fuerza alguna.
Me aplasta la magnitud del infinito.
Desnuda me tiendo en la oscuridad
palpando las señales del tiempo.
Mi única preocupación, tú.
El otro yo.

Déjeme una grieta de luz.
Sí, a ti esta súplica.
Quizás me vuelvo aire para pasar.
Dum spiro spero.
Aunque casi muerto, nunca lo olvido.
Sería pecado contra la bóveda celeste.

Déjame una grieta de luz.
Cogeré el arcoíris por los pelos.
En su espalda quizás toquemos otra vez al sol.

Una grieta te pido.
Ámame.
Apagaré la oscuridad y me la vestiré.
Con luz.

HYBRIS

*Lo siento porque dejé pasar un ancho río
entre mis dedos sin beber ni una gota.
Ahora me hundo en la piedra.*

Yorgos Seferis

Y otra vez sale despacio,
indolente, la luna nueva.
Anochece.
¿A dónde vas ahora con los mástiles rotos?
¿Qué mar buscas? ¿Qué tierra firme?
¿Qué cielo estrellado?

Te envolvió el Erebo.
La estrategia del tiempo te venció.
Tu vida, obra de poetas malditos.
Cuadro de profundos pensamientos, de
    pintores románticos.

¿Dónde están las perlas, los corales y las
    polícromas conchas brillantes?
¿Dónde están tus valiosos tesoros?

Decías, mirando el fondo del horizonte:
«Es temprano aún... Vendrá una mercancía
    más brillante».
Siempre esperabas el regreso del día.
El mañana era tu destino.
Tu mirada siempre vuelta hasta allí.
Miras lo efímero con arrogancia.
Pero los dioses no perdonan la Hybris.

Ahora tus ojos están turbios.
Noche profunda dentro de ti.
Y tantos mares,
tantos cielos
y tal luz una
¿Cómo dejaste que todo te sobrepasara?

Escombros, las líneas de los horizontes.
¿Cómo construiste sobre la arena?

Ahora te hundes en la piedra.
Algo sabía, entonces, el poeta.

EXCEPTO TU YO MISMO

Láminas cortantes
los gritos del viento.
Se enfurece la naturaleza.
Siento dentro el mar.
Tierra y cielo dentro.

Y Dios dentro de mí.

NOCTURNUM

El perro ladra a la noche.
Las venas oscuras de la ciudad
mares mudos
mudas las olas
sacrílego el tiempo
hielo de sueños cambiados
invierno como plomo pesado.

Y yo despertando en las calles
del silencio indecible
sin casa vuelvo

—¿o quizás también envejezco?—

busco presagios de acero
afiladas interrogaciones
en la cueva del alma
para pintar golondrinas.

VEREDICTO DE PIEDRA

Quizás es culpable esta piedra
raíces que tiene en el corazón.
Excava una madriguera profunda
se alimenta con sangre valiosa
y florece y se enfurece
denso matorral intransitable
se enfurece
agujerea de vez en cuando lo inesperado
el cráneo cubierto de hierro
gotea tierra en los ojos
pinta los labios
del color del hollín.

Esta piedra tendrá la culpa.

ROSTRO EN EL CRISTAL

Amarilla luz temblorosa
en la pequeña mesa redonda
imagen deformada
en el cristal de enfrente
doble semblante turbio
oscuros ojos salvajes
ciervos asustados
a lo lejos en el bosque negro corren
aves heridas vuelan
se ocultan en la negra noche
se ocultan en nube negra
vuelan y corren.

Y te preguntas esta noche
en el balcón de madera

quién eres realmente, extranjero

—¡tú, con la mirada en el cristal!—

quién romperá el cristal deslumbrante
quién ensangrentará las manos
quién recompondrá de nuevo

uno y solo
rostro tuyo —aquel

el del espejo interior

el único verdadero.

BAILE DE LA MUERTE

Baila la verdad
ya desnuda
en el umbral acogedor de la noche.

En el bosque negro
en las ramas secas
escucha sus pasos
y baila
se quita la ropa
tira la máscara
vieja puta maquillada
salvajemente grita
se desnuda.

—por primera vez baila tan alocadamente—
eterna enamorada de la muerte
ave muerta de vida solitaria.

CEMENTERIO MARINO

El mar se llenó de cruces.

Manos alzadas claman al cielo
palmas de manos infantiles excavan el agua

—aquí Dios, allí Dios, ¿dónde está Dios?—

tienen sed de cielo.

Como cuchillas la luz graba
las venas tiranizadas
en el crepúsculo
y se hunden
se hunden
despacio desgarradoramente
se sumergen
con los ojos completamente abiertos
abiertos y vacíos

porque allí en alguna parte los olvidaron
en los muros abatidos de la casa

en las manos mutiladas del padre
en la última risa de la madre.

Y el mar se volvió rojo
y el mar se volvió negro

el mar que me engendró

triste cementerio
de esperanzas recién nacidas.

SUBTERRÁNEO

Escucho los pasos
en las losas rajadas.
El seto destartalado
montaña de hierba silvestre
en el patio solitario.

Me asusto. Ves
un animal envenenado
me arrastro
a las más hondas bodegas
acurruco el silencio
me embriago de economía de mis sueños
sin agua
incluso sin luz
respiro con dificultad
casi desnuda de dios
rezo

sentir el último respiro
atacar mudamente

y llenar el subterráneo
de estrellas.

SOBRE POEMAS IMPROPIOS

Lo condujeron a la hoguera
por poemas impropios.
Sobrepasó arrogante
la multitud de verdugos
hacia la plataforma escupiendo
jardines con mariposas.

¡A la hoguera! ¡A la hoguera!

¿Cómo huele, en verdad, el alma
cuando se quema?

¿Con cuánta muerte se gana el amor?

Por poemas inapropiados
lo condujeron a la hoguera.

Poemas inapropiados
llenos de mariposas.

EL MITO DEL POETA

Los cisnes salvajes antes de aprender
a volar
—decía mi madre—
leen historias de niños.

Se alimentan de sueños
de nubes enamoradas
y calman su sed
en las cataratas del amor.

Ocultan
al pequeño príncipe
en sus alas
sostienen su rosa
en el pico como talismán.

Cuando crezcan
con alféizares multicolores
y anchos patios
construirán en el cielo
una ciudad de cuentos

dentro no hay dolor
ni pena
ni sollozo

Los cisnes salvajes leen historias
de niños aprenden y vuelan.

Cuando crezcan
se volverán
poetas.

LAS JOYAS DE LA ORACIÓN

Entonces es momento para la poesía
y otras joyas de la palabra

Te estrujas como medio limón
hasta vaciar el alma
Goteas densamente destilaciones
en versillos de tinta negra
el magnífico incienso de las palabras
para que no se evapore
el aroma de tu carne
que arde mudamente
para guardar muy piadosamente
la sangre de tus sueños
en la botella de la memoria.

Cuando el silencio de la noche
chirríe en la habitación
tú rezas inclinado
estúpido poeta devastado.

ENSAYO

A Yanis Iordanidis

Toda la vida es un ensayo.
Para una representación que quizás nunca
    realices.
Puede que para un aplauso indiferente.
Para una platea medio vacía.

Nada lejano te asusta.
El camino es siempre la esencia.
La prueba.
El largo viaje.

El cómo y los porqués, los debo y no,
las luces, las músicas,
los llantos, las risas, las voces.
Los hombres que amaste u odiaste hasta llegar.
Los hombres de húmeda mirada azul
    que besaste.
Y otros a los que escuchaste
sin conocerlos.

El ensayo termina con descanso.
La farándula aclama.
Es tiempo ya de descansar.
Y de recoger los frutos del esfuerzo.

Pero cuando comienza la representación,
cuando se abre el telón de la escena,
cuando los proyectores tiñen el escenario,
la luz borra
la oscuridad de tu interior.

Es tiempo de que comiences otros ensayos.

ACTOR

Escuchas aún el aplauso.
La interpretación, emocionante.

Los vitoreos de la multitud
aseguran tu arte interpretativo.
Te inclinas con ojos llorosos,
ríos desbordantes de gratitud.
Te envuelve escalofrío de alegría indecible
    y de tristeza.

El pesado telón se cierra lentamente.
El público se va entusiasmado.

Tu arte esparce redención generosamente.

«pasando por piedad y miedo la purificación
    de semejantes sufrimientos».

Se alcanzó el propósito.

Las luces se apagan en la escena y la platea.
Silencio por doquier. Oscuridad.
Y tú en el medio, inclinado e inmóvil.
Acurrucado.
Abrazas tu cuerpo fuertemente
como si temieses perder lo que viviste esta
    noche.

Ahora, actor en tu propia obra.

Toda tu vida, una representación.

Realmente, la interpretación fue emocionante.
Sólo falta el aplauso.

TELÓN

¿Y ahora que termina la representación?
¿Las luces que se apagarán en la platea?
¿Qué palabra purificará tu vida
o qué verbo?

¿Crees que un poema te sacará de la
    oscuridad?

Ya los pétalos de rosas arañan el escenario.
Telón. Sin aplauso.
Densa nieve cubre la llanura.

LA NIEVE

esta nieve en todas las solanas, este humo en
todas las primaveras
Jorge Semprún, *Escritura o vida.*

En mi sueño cayó nieve esta noche.

Desnuda en el bosque
pelo sueños.

A mitad de la primavera
regresa el invierno.

Apenas alcancé
a tragar una cáscara.

En años, quizás enraíce.

ALMENDRA AMARGA

El gusto que dejas en la boca
es al final dulce y amargo.

Y tenía tanto deseo de probarte.

Nunca comprendí
si la dulzura o la amargura
pesan sobre la balanza.

Siempre se ríe de mí
este estupendo aroma tuyo
que paradójicamente
engaña mis sentidos.

Más que la disposición ambivalente
del paladar
yo
una y otra vez
a ti
te elegiría entre todos los frutos.

A ti, vida.

Almendra amarga mía.

HERMOSA NOCHE

Crepúsculo. Puerto.
Niebla como nube blanca.
Negras aguas mudas.
Rostros inclinados. Grises.
Miembros oxidados.
Y frágiles.
Principalmente frágiles.

El tiempo pesa en sus espaldas
sombra invisible de la primera luz
pesa en la puerta externa de la matriz.

Oscuros deseos amables
bullen aún
en medio del mar devastado
barcos con luces encendidas
jadean en el labio del fondo.

Dan la espalda al naufragio.

Y sus silencios
surcarán a cuchillazos
hondamente la hermosa noche.

CUERPO DESNUDO

Cuerpo desnudo
de rojas raíces
en la tierra
baila con locura
árbol que se inclina al viento
hoja que llora en la lluvia.

Tú, cuerpo desnudo
de poderoso amor
presa ahora en la vasta
boca de la fiera
que castañea en el bosque
con uñas de medialuna
señalando la victoria.

Cuerpo desnudo
de rojas raíces.
Y el cielo inexorablemente
hace brotar
el color más azul.

SOBRE TI Y SOBRE MÍ

Llevo luto.
Llevo luto por lo que no quise vivir.

Por mis vanos viajes.
Por mis alegres muelles
y los trenes atestados.

Llevo luto por las manos que no me
    sostuvieron
por la piel sometida
por las almas que no abracé
por las palabras inconvenientes llevo luto.

Por el sol que se puso.
Por el color del fuego
Por el aroma del jazmín
en los atardeceres.

Llevo luto. Llevo luto.

Llevo luto por ti y por mí.

SUS CUERPOS

Las casas devastadas
No mueren nunca.

Paredes húmedas y silenciosas
Espejos oscuros
Imágenes rasgadas.

Amores incompletos
Sus cuerpos viajaron
Con tierra y agua
Me solté los cabellos
Manos extendidas.

En sus cuerpos.
Viajaron.
Con tierra y agua.

Por eso
Las casas devastadas
No mueren nunca.

Quedan en pie vacías y desnudas
Y lloran noche y día.

HIDRIA ROTA

Hoy arde mi casa.

Mis paredes con la boca abierta
andan cansadas y desnudas
gotean negro sudor
vomitan recuerdos y sueños
antes de apilarse una sobre la otra
con marcas de humo y mudas.

Hoy ardió mi casa.

La madre, el padre y los hermanos.
Los encontré abrazados
en postura de oración sin porqué
con un grito de desesperación en los labios.

Sí. Escuchasteis bien.
Hoy hoy
ardió la casa y la tierra
los seres vivos los árboles
las aves mi mar.

Y yo sola voy vueltas
con hidrias rotas y ¿cómo
cómo meter tanta ceniza?
Los veranos que vienen
¿cómo las llevaré?

(desde el fondo de los abismos parte el canto
    fúnebre).

DESEO

Quería tanto encontrar el olvido.

A menudo buscaba desesperadamente en
    viejos
cofres y cajas de cartón polvorientas
en libros de piel de filosofía
en bibliotecas nacionales y museos.
Pintaba por las noches en mapas de tierras
donde colocar el sitio exacto del tesoro.

Tanto quería encontrar el olvido.

Librarse del deseo de lo verdadero.

En piedras saciadas de hierbas
en rocas talladas
en formas humanas que rezan
con manos extendidas
en guijarros oscuros que hacen sonar
el llanto quejoso del fondo
buscaba encontrar el olvido.

Esta vez no se equivocó.
Lo encontraron con una piedra alrededor del
    cuello
en las turbias aguas del Thermaikós.

Olvido. Olvido. Verdad.
(¿Jugabas con las palabras finalmente?)

EL OLIVO

Escalo ahora
días y noches
duros lugares
piedras secas.

Mantengo en mis puños
las gotas de los tiempos
no sea que apague un día
mi sed de tierra
no sea que florezcan también
hibiscos rojos
en la huerta.

Pero la raíz del olivo
se hunde inmóvil
se tiende invencible
implacablemente en el jardín.

No busques
flores efímeras.

Tú, que recolectas
tantos frutos eternos.

Me volví a la madera
y me entregué
desnuda.
Soy el Día
y la Noche
me asedia.

CONFITEOR

Violín Lorenzo Storioni
de arce y abeto coleccionable
arca de la memoria
mapa de lágrimas
cambia de manos lucha
juega se enamora
agoniza.

Solista virtuoso
sin recompensa
aprovechas los pulsos irregulares
compones barroco en mi menor
ópera trágica mar sin fondo
olas de deseos negros chapuzones

confiteor
confieso

soy la Noche
eres la Música.

SOMBRAS Y POEMAS

Sombras bailan con la luna
en el muro descascarillado
de la casa por las noches
cuerdas de arpa silenciosa

—déjame ir contigo—

se mecen embriagadas
golpean con altos tacones
las losetas rotas
vuelan desde las escaleras
relojes muertos
buscan tras sus alientos
sus carnes que negaron
escondite de flores
tumba de sueños.

Y tú
como lejano espectador
sol invernal sin primavera
el jardinero de la quimera

tú
siembras desiertos en el papel
hace germinar una flor de pascua
la poesía.

DESPEDIDA A MARKOS MESKOS

Esta nieve también me hace llorar,
Poeta.

Quizás porque tus propios sueños
son de barro.
Quizás porque me aflige
este silencio despiadado.
No he visto
las cerezas que me decías
para exorcizar la muerte.

La nieve
La nieve
La nieve esta me hace también llorar.

Porque sopla esta noche fríamente
en la colina del Gramático
y no quedó ni un pájaro
para acompañarte.

Porque los hombres se van,
Marko,
y otra vez queda ahora
sólo tu madre otra vez
para abrazarte.

LA SOMBRA DEL PADRE

Todavía era un niño pequeño mi padre
niño de la Ocupación muchacho sin bigote
de un lugar montañoso macedónico
con pantalón corto remendado
y suelas agujeradas sonrientes

creció de pronto
teniendo colgada
la mirada del cielo
inclinado de pronto transportó
en sus hombros la tierra.

Cultivaba con sus manos la tierra
pintando palacios
ordeñaba leche caliente de los sueños
cuajaba queso dulce de aves blancas.

Se ocupó de hermanos
honró a los padres
crió hijos
construyó casas.

Desde pequeño mi padre
inclinado orgulloso
transportaba
en sus hombros la tierra.

Sin embargo, siempre caminaba tras él
un pesado silencio
sombra inmóvil
mar de piedra.

Siempre, padre,
te seguía silencioso
el mar que te negaste
a ver y a amar.

LA M DE LA MUERTE

Allá lejos en el mar
en las aguas del sagrado Olimpo
se baña olvidada la eternidad.

Líneas vaporosas interminables
y una luz de flor de almendro
como tejido bizantino
bordado con hilos del sol.

La Fortaleza, vela tremulante
oración mística y misteriosa
para los idealistas
para los poetas.

En aquel tragaluz cubierto de cielo
entre jardines de rosas
da Dios también una vuelta esta noche.

Allí
en las sombras púrpuras del mar
por las tardes se asesina
la m de la muerte.

EL MILAGRO

A Constantino Buras

Me siento agradecida
por el milagro de la vida.

Por el mar que
murmura a mi lado. En mí.
Por el azul del cielo
que agujerea desde mi ventana.
Por el libro que sostengo
por la visión el tacto
el oído.

Agradecida.

Por los anhelos no alcanzados
por los deseos satisfechos
de cada atardecer.
Por la Luz y la Oscuridad
que se nos concedió
por el Amor y la Muerte
que nos salvan de la destrucción.

La destrucción interior.
Agradecida por el salitre
que acarició mi piel
por las sábanas húmedas
por el grito del placer
y del dolor
por el sueño
por la pesadilla.

Y antes de que mi cuerpo
se vuelva polvo de galaxia
antes de que en el crepúsculo
se escriba mi poema
antes del último tango
bailaré con la luz emergente

hasta entonces prometo
como pendientes con devoción
contar los golpes
de la felicidad terrestre

respirar hondamente la brisa

Agradecida.
Por encima de todo.
Agradecida.

DICHAS

A C. P. Kavafis

Buscas desesperadamente la definición de
    Dichas.

El singular para este concepto no viene bien.
No desconozco el fervor de la solicitud,
llenaré el pegamento de dichosas pinceladas.

Escucha atentamente las amonestaciones
y toca para que despierten
todos tus sentidos.

Hunde los pies desnudos en la arena.
Siente la caricia de su cuerpo acuoso y móvil.
Huele el salitre del mar siempre en
    movimiento
y escucha la canción de las olas.
Vístete con la magia de la noche estrellada
y embriágate sediento
con la copa plateada de la luna.

Juega con una luciérnaga.
Quizás se te dé la única oportunidad.
Acepta en ti la luz
y di con piedad gracias
por el bello juego.

Además, ¿qué otra cosa esperas que te diga?
Sobran las palabras…
Con tantos milagros que viviste esta noche
ya entenderás qué quieren decir dichas.

BILLETE

Te vi al azar desde
la quinta planta del Ippokratios
meciéndote tú sola
bailarina despreocupada en el parque.

Miraba hacia arriba al cielo
Indiferente a los ojos de los transeúntes
que estaban clavados sobre ti.
Así me viste y me arrojaste
a las manos una bobina de hilo de oro.

Mi herida goteaba aún.
Tantos días de hospitalización, médicos,
lancetas, gasas hemostáticas.

Al día siguiente saqué el billete.

Tú eras mi veneno finalmente.

Una amígdala floreciente
cruz rosa levantada

el cuerpo de Dios
dentro del parque.

NEGACIÓN

No soy yo
la que canto.

Es el mar
que me regalaste
ayer por la noche.

No soy yo.

Es que en tus manos
sostienes el cielo
y toca un vals
el sol.

SIETE PRODIGIOS DEL AMOR

I

Si fueras hoja otoñal
si vinieses esta noche a mi balcón
para envidia del bosque.

II

Y ¿qué si el día se oscureció?
En tus ojos siempre hay sol.

III

Cuando camino a tu lado
la calle llega a la luna.

IV

Apoyaste la mano en mi cintura
e inmediatamente mi cuerpo se volvió jardín.

V

Escuché tu voz,
se clavaron estrellas en mi techo.

VI

Y sólo con recordarte
se sentó a mi lado la primavera.

VII

Si me amases sólo por un instante
desgarraría al sol.

COMO TUS OJOS

Me da miedo la oscuridad.
Por eso duermo con tu voz
en la parte del corazón.
Muchas veces
cuando me cantas
despierto y busco palpando
lápiz y papel.

Quiero escribir nuestra más grande historia.

En la que no vivimos jamás.
Para no morir los dos. Desconocidos
    e incompletos.
Sombras, los dos, que cesan en los sueños,
almas llenas, manos vacías.

Porque
—por poco lo olvido—
también temo a la muerte.

Quiero escribir nuestra historia.

Un poema cálido y tranquilo
que me cubra las noches heladas,
un poema cálido y tranquilo

como tus ojos.

EL MÁS PESADO ZEIBÉKIKO

Y cuando nos tocamos uno al otro
cuando la noche nos llena de música

brillará un sol antiquísimo

las estrellas en la habitación
encenderán fuego

y la luna
bailará embriagada

el más bello Zeibékiko
el más pesado.

LA PENA DE DIOS

Pequé.
En tu cuerpo.
Dulce pan caliente.

Ahora tengo hambre y frío.

Por eso
enciendo cada noche
un sueño contigo
para hartarme
y calentarme.

Árbol amargo
germino inmediatamente
en el Paraíso
con las señales de tus manos
en el tronco.

(En el pecado del amor
en algún sitio del jardín
queda Dios llorando).

AHOGAMIENTO I

Llegaste con justa exactitud
Como palabra
Cuchillo y dardo.
Clavo ardiente.

Tus ojos, mar
Una vez me hace nacer
Otra me ahoga

Si he de morir
Que sea en tus ojos

Sin pendientes
Ni desgastes de tiempo

Saciada

AHOGAMIENTO II

En el fondo de las aguas

Ando descalza
Excavo sueños
raíz desnuda
casi negra
inflexible.

Busco tu nombre
en piedras de ríos
Palpo tu cuerpo
en troncos de árboles.

El bullicioso mundo
nace en tus entrañas.

Abro las manos
Hago de las palabras destino
para las sombras y los dolores.

En el fondo de las aguas

Tú gritas
yo me ahogo.

IRREVOCABLEMENTE

Quiero que vuelva mi verano.
Quiero aquella luna enteramente

de antiquísimo silencio
una noche de julio en la playa

quiero la ola salobre
agua oculta que escribía
canciones a nuestros pies.

La arena que abrazó
nuestras manos inexpertas
que envolvió nuestras alas de cera.

Y aquel vino dulce y amargo
que bebimos gota a gota
de la misma botella
de una pérdida segura.

Ahora es diciembre y te espero.

Frío y aire en la playa.
Y yo allí como gaviota solitaria
piedra recién nacida
desnuda de amor
llorando y gritándote
—¿escuchas?—
que quiero
        quiero
            quiero que vuelva mi verano.

NUNCA APRENDERÁS

Nunca aprenderás
que eras para ella la luz
Te dormía en su pecho
en cunas de sueños por las noches
en lechos de blancas aves
en almohadas bordadas
de soles y lunas.

Nunca aprenderás
que era tu risa
escalera hacia el cielo
tus ojos
fresco mar
ahogando
y calmando la sed.

Que también te escribía poemas

que te amó mucho

y eso

nunca

nunca

lo aprenderás.

LA MONODIA DEL LOBO

Derramamiento de sangre del tiempo
días de julio deshechos en el barro
días desnudos y hambrientos
noches sin techo
hojas amarillas en los cabellos.

Se reunió polvo en la mesa
amor mío
en el suelo penas de madera
y el espejo en la habitación
es ojo turbio
testigo de un ayer
con sabor a almendra amarga.

Despierto con venas vacías
y palpo mi cuerpo
que me falta.

Lloro y despierto.
Despierto y lloro.

Por un gesto perdida de felicidad
por un paraíso perdido
grito.

Y LOS HOMBRES LEERÁN

Y cuando tú te vayas
cuando te pierdas
escribiré un poema verdadero
escribiré un poema rojo
cálido como sangre

que los hombres leerán y llorarán
que los hombres leerán y hablarán

una vez y en un tiempo
una mujer y un hombre
se abrazaron tan fuertemente
que uno se disolvió en el otro

Él tomó la forma de sus manos
y se hizo un ave negra
que da vueltas por las noches como sombra

Ella tomo el color de su corazón
y escribe todavía poemas sobre él
para que beba y regrese

Y los hombres leen y lloran
y lo leen los hombres
y hablan de amor.

ÍNDICE

ÍNDICE